DE LA

SUTURE SÈCHE

ÉLASTIQUE

DE LA

SUTURE SÈCHE ÉLASTIQUE

ANALYSE

des résultats obtenus dans le service de M. BŒCKEL
professeur agrégé

par MM. MAURICE CLAUDOT et ALONZO VIGNAUD
internes à l'hôpital civil de Strasbourg

PAR

LE Dr ALPH. MORPAIN

PARIS

IMPRIMERIE A. PILLET FILS AINE

5, RUE DES GRANDS-AUGUSTINS

1866

Appelé par de douloureuses circonstances à séjourner pendant six semaines à Strasbourg, ma ville natale, je fis, comme aux beaux jours de mes vacances parisiennes, de fréquentes visites aux différentes cliniques de l'hôpital civil.

En me faisant les honneurs de sa salle, M. le professeur Bœckel m'a montré plusieurs malades guéris de résections du genou, du calcanéum, des os de l'avant-bras, etc., etc. Il expérimentait un nouveau genre de suture sèche élastique, dont les résultats m'ont paru si intéressants que j'ai demandé et obtenu de sa part une notice faite par MM. les internes sur les différentes applications de cette nouvelle sorte de réunion. Je cède la parole à ces Messieurs.

Dr AL. MORPAIN.

DE LA
SUTURE SÈCHE
ÉLASTIQUE

Définition. — La suture que nous allons décrire sous le nom de *suture sèche élastique* ou *suture au caoutchouc*, est un nouveau procédé de réunion des plaies, dû à M. Millot-Brûlé, de Rethel (Ardennes). C'est aussi bien un bandage unissant qu'une suture; elle rentre dans la catégorie dite des *sutures sèches*, où elle peut être rangée tout auprès de la suture collodionée. Elle n'est pas sans quelque analogie avec la vieille méthode à couture des anciens, que Roux chercha à remettre en honneur en la modifiant. Mais la suture élastique présente des qualités spéciales étrangères à ses aînées, et qui nous font augurer pour elle un meilleur et plus long succès. Voici en quoi elle consiste :

Un onguent agglutinatif (pour lequel l'inventeur, étranger du reste à la profession médicale, a pris un brevet) est destiné à fixer sur les bords de la solution de continuité une pièce de toile, de grandeur variable, et qui porte, sur l'une de ses faces, un certain nombre d'agrafes. Chacun des bords de la plaie étant muni d'une pièce de toile ainsi adhérente, il est facile de comprendre qu'une lanière de caoutchouc, engagée de part et d'autre dans deux agrafes opposées, ramènera les tissus au contact par sa seule élasticité.

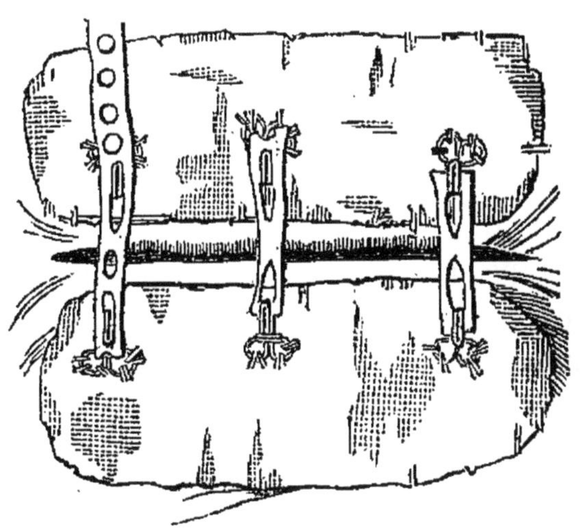

Description. — 1° L'onguent a une consistance fortement visqueuse, tout à fait analogue à celle de la glu ; de couleur brun-rougeâtre, il offre une légère odeur de térébenthine. Il imprègne assez difficilement la toile, qu'il faut choisir un peu usée ; sa viscosité, si avantageuse à certains égards, n'est pas sans inconvénients. En effet, on éprouve quelque peine à l'étendre sur le linge, à cause de sa trop grande cohésion, et, lorsqu'il est étalé en membrane, quelquefois une portion s'enlève par adhérence à l'instrument employé pour l'appliquer. D'ailleurs, une fois en place, il offre une très-grande résistance, et ne cède, même à de fortes tractions, qu'après plusieurs jours au moins d'application. Aucun des agglutinatifs connus ne peut lui être comparé à ce point de vue. Ajoutons qu'on le conserve en vases clos (dans des boîtes métalliques), et qu'on ne l'étend qu'au moment même de l'application de la suture.

2° Les *plaques* sont faites de calicot ou d'une toile assez solide, mais un peu usée ; on en arrondit les bords pour permettre une adhérence plus complète. On y fixe de la manière ordinaire, c'est-à-dire par la couture, des agrafes dont la partie recourbée doit regarder la plaie.

3° Les *bandelettes* unissantes sont constituées par de petites lanières de caoutchouc, de 8 millimètres de largeur, portant de 5 en 5 millimètres des trous de 3 millimètres de diamètre, faits à l'emporte-pièce. L'épaisseur est sensiblement de 1 millimètre. On les coupe approximativement de la longueur nécessaire.

On engage les trous dans les crochets opposés, en allongeant d'abord par traction la lanière, qui doit revenir sur elle-même et rapprocher ainsi les deux pièces de linge, et avec elles les bords de la plaie.

Application. — Cela dit, nous n'avons plus guère que quelques observations accessoires à faire au sujet de l'application.

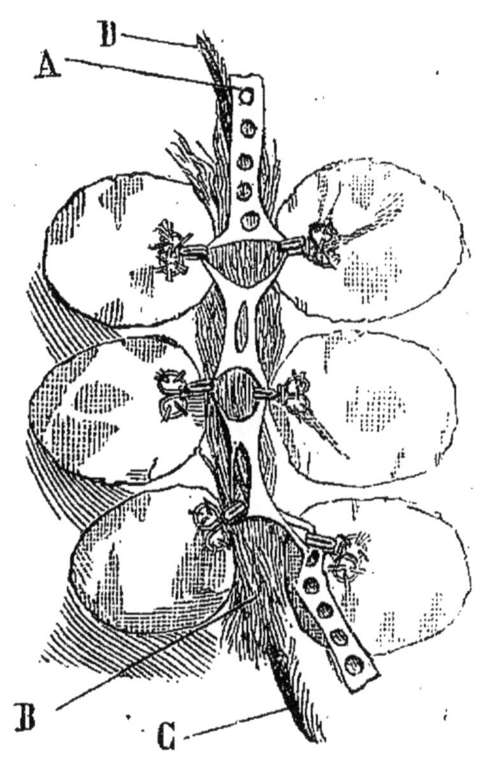

Les agrafes ont été préalablement fixées sur les pièces de linge, dont la forme s'accommode à la disposition des tissus. En leur donnant d'assez grandes dimensions, on augmente d'autant la base de traction, mais on augmente aussi les chances de décollement, comme nous avons pu l'observer. En effet, avec de larges plaques, il est difficile de ne pas laisser quelques points, surtout vers les bords mal imprégnés d'agglutinatif, et par où le décollement commencera. Si la solution de continuité est étendue, il nous paraît préférable d'établir sur chaque bord une série de petites plaques.

On étend l'onguent sur la face opposée aux agrafes ; l'instrument le plus commode est la pulpe du doigt (pouce ou indicateur). Pendant cette opération, la plaque est appuyée, soit sur une tablette bien sèche, soit sur la pulpe des doigts de la main gauche.

Ce premier temps, le plus long et le plus pénible, une fois exécuté, on applique la pièce de linge sur les bords de la plaie, en ayant soin de ne la placer que sur la peau saine, préalablement lavée et bien essuyée, en un mot, *propre* et *sèche*. On la fait bien adhérer en tous les points par des pressions ménagées. Au bout d'un quart d'heure environ, on peut placer les lanières ainsi que nous avons dit : la traction en est mesurée à la fois sur le degré d'adhérence, sur l'écartement des tissus, et sur l'élasticité du caoutchouc. Ces lanières sont placées perpendiculairement à la direction de la plaie, et on les étire d'autant plus avant de les agrafer, qu'on veut exercer une traction plus puissante.

Observations.—Le nombre des cas dans lesquels nous avons employé la ***suture élastique*** est encore assez restreint; mais les résultats sont suffisamment favorables pour nous engager à faire connaître les principaux faits, et appeler ainsi de nouvelles et nombreuses expérimentations.

Voici nos observations les plus intéressantes :

I. *Plaie contuse du gros orteil gauche, ayant séparé presque complétement l'extrémité du doigt au niveau de l'articulation de la phalangette.* — Les parties molles forment encore à la face interne un petit pont d'un centimètre de largeur. Sur tout le reste du pourtour, les bords de la plaie sont écartés d'un bon centimètre, et fortement contusionnés. On attend que la réaction fébrile se soit dissipée, et l'on panse à l'eau froide. Après huit jours, les accidents généraux ont disparu, mais l'extrémité de l'orteil a de la tendance à se renverser ; de plus, la plaie sécrète une sérosité sanieuse très-fétide, qui nécessite l'emploi du permanganate de potasse.

Le 1er août 1866, onzième jour après l'accident, on place, d'une part sur le dos du pied, en arrière de l'orteil, de l'autre sur l'extrémité supérieure de l'orteil, deux pièces de linge munies chacune de deux agrafes, et appropriées d'ailleurs à la forme des parties. On interpose encore un plumasseau imbibé de permanganate entre les lèvres de la plaie, et l'on serre fortement par-dessus avec deux lanières élastiques.

Chaque matin et chaque soir on enlève les lanières, on nettoie la plaie et l'on resserre de nouveau par-dessus le plumasseau. L'adhérence se développe rapidement, grâce au contact des bords opposés vers la profondeur. Le 6 août, la réunion est à peu près complète à la face dorsale, la seule sur laquelle agissaient les lanières. Alors on dispose de la même manière deux plaques à agrafes à la région plantaire, où l'on avait jusque-là laissé la plaie béante pour éviter la résorption putride; et l'on continue à panser comme il est dit ci-dessus.

15 août : La cicatrisation est presque compléte circulairement; aujourd'hui seulement, une des plaques placées les premières s'est détachée. D'ailleurs, on peut en cesser l'usage : en deux septenaires on a obtenu la guérison, sauf un petit point qui reste fistuleux, à cause de la présence d'un séquestre; celui-ci, comprenant une partie de la surface articulaire, est retiré plus tard, et le malade sort entièrement guéri dans le courant de septembre.

II. *Abcès froid au-devant du col du fémur, par carie de cet os.* — Pour maintenir l'incision qui a été pratiquée à travers les muscles, on a plongé dans le foyer un gros tube de caoutchouc; mais les mouvements du malade le faisaient rapidement sortir. Alors nous fixons deux agrafes, l'une au-dessus, l'autre au-dessous de la plaie, et nous y engageons les deux extrémités d'un fil qui traverse le tube et le maintient ainsi en place. Les deux premières plaques, collées dans ce but avec l'agglutinatif Millot, ont tenu pendant un mois, du 14 août au 12 septembre 1866, malgré des bains salins que le malade prenait trois fois par semaine.

III. *Extirpation totale du calcanéum droit.* — Procédé à lambeau plantaire, formé par une incision semi-circulaire, horizontale, contournant à peu près le bord de la plante. On a ainsi un lambeau en forme de valve, qui tombe par son propre poids de haut en bas et d'arrière en avant. Pour le soutenir, on place, d'une part sur l'extrémité postérieure du lambeau, de l'autre sur la partie postérieure de la jambe, au-dessus de la plaie, deux petites plaques ellipsoïdes munies chacune de deux agrafes. L'élasticité des lanières de caoutchouc que l'on y engage maintient ainsi continuellement le lambeau relevé et appliqué sur la plaie. On panse celle-ci suivant les indications; et, bien que le pus vienne imbiber continuellement les plaques du linge, elles restent adhérentes en moyenne pendant huit à dix jours : on remplace chacune d'elles à mesure qu'elle tombe. Quand l'adhérence s'est déjà développée, ce qui s'est fait en un septenaire à peine, grâce à ce procédé, on continue à replacer les lanières dans l'intervalle des pansements, afin d'empêcher les bourgeons de s'écarter et de s'allonger, et on obtient ainsi une cicatrice aussi étroite que possible. La guérison était complète après cinq semaines.

IV. *Extirpation d'une tumeur cancéreuse du sein gauche.* — L'opération a été faite le 30 juillet. On laisse la plaie béante pendant les premiers jours.

Le 10 août, on colle sur les bords de la perte de substance, au moyen de l'agglutinatif Millot, deux plaques semi-lunaires, portant chacune trois agrafes. La plaie est irrégulière, allongée transversalement, large de 5 à 6 centimètres ; le bord inférieur est sain, mais le bord supérieur présente à sa partie externe gauche, et sur une étendue de 3 centimètres, une rougeur érysipélateuse diffuse. Les lanières sont tendues de façon à rapprocher notablement les bords, mais non jusqu'au contact.

Le 12, sous la plaque de toile supérieure

s'est développée une phlyctène, au point où siégeait la rougeur érysipélateuse. On retire les plaques, mais la plaie a déjà notablement diminué de hauteur, et il est certain que sans la tendance à l'inflammation que présentait préalablement la peau, le procédé nouveau aurait amené, ici comme ailleurs, une guérison rapide.

Notons que dans cette observation, comme dans la précédente et la suivante, les lanières élastiques, tout en soutenant les bords cutanés, suffisaient pour maintenir les plumasseaux de charpie placés au-dessous d'elles, et dispensaient ainsi de tout autre bandage (bandage en T, bandage de corps, etc.).

V. *Extirpation d'une tumeur cancéreuse du sein droit. Amputation faite le* 30 *juillet* 1866. — Le 10 août, application de la suture élastique. La plaie mesure dans sa plus grande hauteur six centimètres et demi ; les deux bords en sont parfaitement sains, la peau est très-fine, et ne présente pas de traces d'inflammation. On dispose les plaques comme dans le cas précédent, et les trois lanières de caoutchouc, qui rapprochent les bords sans les amener au contact, passent par-dessus la charpie enduite de digestif. Tous les matins et tous les soirs on les décroche, on enlève les plumasseaux, et on lave la plaie par une injection de vin aromatique ; puis on rétablit le pansement.

Le 18, la plaque de toile supérieure est décollée en partie; pour ne pas avoir une mauvaise traction, on enlève les deux plaques avec précaution; la peau est au-dessous parfaitement saine. La plaie, dans son point le plus large, ne présente plus que trois centimètres et demi de hauteur. Comme la malade quitte l'hôpital, on ne lui replace pas de suture élastique.

VI. *Réunion primitive d'une plaie simple.* — Le 16 août 1866, entre à l'hôpital une petite fille de douze ans, se plaignant de vives douleurs au genou gauche. M. Bœckel constate la présence d'un corps étranger dans les tissus péri-articulaires, et réussit à le faire saillir sous la peau : il pratique alors une incision de deux centimètres de longueur, comprenant toute l'épaisseur des téguments, et extrait facilement une aiguille ordinaire, encore peu altérée, par conséquent récemment introduite, ce qui engage à rechercher la réunion par première intention.

On place immédiatement sur chacun des bords de la plaie une petite pièce de toile portant une agrafe : la lanière élastique est attirée de façon à ce qu'un seul et même trou comprenne les deux agrafes, et rapproche ainsi les bords de l'incision jusqu'au parfait contact.

Le 20 août, la réunion est complète; mais

comme les pièces de toile tiennent parfaitement et ne gênent nullement la malade, on laisse encore la lanière appliquée, et on lui en superpose même une seconde, pour obtenir une contention plus exacte encore.

Le 22, on enlève le tout. La cicatrice est assez solide pour n'être nullement disjointe par les mouvements et la marche.

VII. *Large plaie de la face antérieure de l'avant-bras droit, suite de l'ablation d'un lipome sous-aponévrotique qui s'étendait très-profondément jusqu'au ligament interosseux, au milieu des masses musculaires. Opération pratiquée le* 28 *août* 1866. — Le 5 septembre, la plaie est de forme ovale, et mesure dans sa plus grande largeur sept centimètres et demi. Les muscles dénudés font hernie au dehors et se renversent sur les bords de la plaie, qu'ils réclinent complétement.

On colle sur chacun des bords une pièce de toile portant trois agrafes; trois lanières de caoutchouc sont accrochées à ces agrafes pardessus des plumasseaux de charpie qu'elles retiennent sur la plaie. Le pansement est ainsi propre, facile et rapidement fait.

Le 8, le pansement a très-bien tenu; la plaie n'a plus que trois centimètres et demi dans sa partie la plus large, et l'on s'aperçoit même que la charpie interposée entre les lèvres de la plaie en empêche seule le contact parfait. Vu l'activité du bourgeonnement et le bon aspect de la plaie, on supprime les plumasseaux, et l'on tend davantage les lanières de caoutchouc, ce qui permet une occlusion complète.

Le 11, on enlève avec précaution les deux plaques de toile, qui se sont un peu décollées à la partie supérieure, près du pli du coude, à cause des mouvements de flexion, mais qui tiennent encore très-bien dans le reste de leur surface.

On les remplace par trois petites plaques sur chaque bord, chacune munie d'une agrafe. (Nous avons dit, en décrivant la méthode nouvelle, que l'expérience nous avait appris à préférer les petites plaques multipliées à une seule d'une grande étendue). Pendant le changement des plaques, la malade a maintenu rapprochés les bords de la plaie; déjà ils sont réunis par des tractus de bourgeons charnus tendus d'un bord à l'autre, mais encore trop mous pour soutenir les parties.

Le 12, il n'y a plus qu'un léger suintement par la plaie; les deux bords sont en parfait contact.

Le 16, cicatrisation complète.

CONCLUSIONS

De ces quelques cas où nous avons observé la suture au caoutchouc, et de ceux où l'analogie nous conduit à penser qu'elle est applicable, nous croyons pouvoir déduire les conclusions suivantes, que nous classerons sous deux chefs : 1° avantages et indications ; 2° inconvénients.

I. *Avantages et indications.* — La suture au caoutchouc offre tous les avantages des autres sutures sèches ; nous n'en rappellerons qu'un : l'absence de nouvelles lésions pour l'application même de la suture. Mais elle possède en outre plusieurs qualités spéciales fort précieuses, quelques-unes même indispensables dans certains cas.

Ainsi sa large base d'application lui donne une plus grande force de traction, et occasionne un moindre tiraillement des tissus ; à ce point de vue, elle est plus active, plus solide, moins douloureuse et moins dangereuse que les autres.

L'enlèvement et la réapplication faciles, rapides et aussi fréquents que l'on veut des lanières élastiques, permettent l'inspection quotidienne de la plaie, le lavage et le pansement modifiés et renouvelés autant qu'il est nécessaire. De plus, comme les lanières de caoutchouc maintiennent elles-mêmes la charpie et les différents topiques, elles dispensent de l'emploi de pièces de pansement souvent fort incommodes. Il y a là, au point de vue de l'économie et de la propreté, une grande amélioration qui nous paraît devoir être appréciée surtout dans la pratique rurale. Mais en outre, lorsqu'on a à faire à des lambeaux de peau décollée, on peut, en fixant les plaques de linge à une certaine distance des bords, placer sous les lanières élastiques des plumasseaux épais qui appliquent fortement les téguments sur les parties profondes, empêchent la formation de clapiers, et déterminent cette réunion centrifuge progressive que l'on cherche si souvent en vain. C'est là un inappréciable avantage dont nous avons particulièrement profité dans le cas d'extirpation du calcanéum; nous avons été à même d'observer antérieurement plusieurs autres cas du même genre où la guérison fut infiniment plus lente, justement parce que les lambeaux, malgré toutes les précautions, adhéraient des bords à la base, d'où la formation inévitable de collections purulentes sans issue.

Enfin, l'eau n'ayant aucune action sur l'onguent agglutinatif, on peut, sans déranger le pansement, donner des bains, simples ou médicinaux, souvent très-utiles aux malades. Nous ajouterons encore, à ce propos, que, dans toutes nos observations, le contact continuel du pus n'a nullement détaché les pièces de linge.

Ainsi, 1° la suture au caoutchouc remplit une indication à laquelle ne satisfaisaient que bien incomplétement tous les procédés connus jusqu'ici; nous voulons parler du rapprochement des plaies dont on cherche la réunion secondaire.

2° Nous en dirons autant des cas où, sans rechercher un contact immédiat, on veut soutenir des lambeaux tels que ceux d'une amputation, d'une résection, lesquels, sans soutiens, se rétractent et se recoquevillent, perdent leurs rapports naturels avec les parties qu'ils doivent plus tard recouvrir.

3° Si nous avons placé au premier rang les indications précédentes, c'est qu'en elles réside l'importance spéciale de la suture en caoutchouc. Mais d'ailleurs, comme le prouve péremptoirement notre sixième observation, on obtient avec elle, aussi bien qu'avec toute autre suture sèche ou sanglante, la réunion immédiate des plaies simples.

Il y a plus : les chirurgiens s'accordent à rejeter les sutures sanglantes pour certaines régions, par exemple, pour les plaies de tête; la suture au caoutchouc, qui n'a pas les mêmes inconvénients, rendra certainement ici de grands services, bien que nous n'ayons pas eu encore l'occasion de l'expérimenter.

4° Enfin, il est une lésion rebelle à la plupart des traitements, dont on a demandé, non sans succès, la guérison aux sutures sèches. Mais si la striction due à des bandelettes de sparadrap amène assez souvent la cicatrisation de certaines formes d'*ulcères*, nous ne voyons pas pourquoi l'on n'obtiendrait pas le même résultat avec les lanières élastiques. Et même, la possibilité d'augmenter chaque jour la traction, et d'y joindre au besoin l'usage de topiques spéciaux, nous autorise à croire que la guérison serait plus rapide et plus assurée. Nous nous proposons dorénavant de la rechercher dans cette voie aussi souvent que l'occasion s'en présentera.

II. *Inconvénients.* — L'onguent, n'adhérant que sur la peau parfaitement sèche, est inapplicable sur les muqueuses et sur toutes les surfaces humides ou dénudées. Inutile d'ajouter d'ailleurs que, les pièces de linge une fois appliquées, l'eau et les différents liquides n'ont aucune action sur elle (*Vide supra*).

En second lieu, l'agglutinatif déterminant une irritation légère (voy. *Obs.* IV) sur les points déjà enflammés, on ne doit l'étendre que sur la peau parfaitement saine, où elle n'a jamais produit aucun inconvénient.

En résumé, à part quelques difficultés d'application assez insignifiantes, la *suture sèche élastique* nous paraît appelée à rendre de grands services à la pratique chirurgicale. Elle participe, dans la plupart des cas, aux qualités des autres sutures, et elle remplit parfaitement une catégorie spéciale d'indications qui se présentent fréquemment, et auxquelles les autres sutures ne répondent nullement.

Elle peut, en outre, abréger le travail des pansements, les rendre plus simples et plus propres, et dispenser souvent de bandages plus volumineux, plus dispendieux et moins commodes.

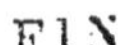

FIN

www.ingramcontent.com/pod-product-compliance
Ingram Content Group UK Ltd.
Pitfield, Milton Keynes, MK11 3LW, UK
UKHW012128240726
13965UKWH00005B/2032

9 782013 267120